창조문학 대표시인선 · 297

그냥 좋아!

이영지 시조집

창조문학사

□ 시인의 말

그냥 좋아!

이 책의 이름은 『그냥 좋아!』입니다. 그냥 좋아! 라는 의미는 시인이 느끼는 기쁨 그냥 좋아! 입니다. 살아 움직이는 그 것 자체가 좋아! 입니다. 하늘이 푸르고 내가 푸르고 꽃이 아름답고 내가 아름답고 잘 자고 일어나 그냥 좋아! 입니다. 그래서 그냥 좋아! 입니다.

팔짝팔짝 뛰며 시가 움직입니다. 그래서 좋아!입니다. 어느 날 산을 바라 봤더니 울울창창 나뭇잎들이 푸르고 그래서 나도 푸르게 좋아합니다. 하얀 눈이 와 그냥 나는 하얀 마음이어서 그냥 좋아!입니다.

언제부터인가 제게 좋은 버릇이 생겼습니다. 나도 모르게 주기도문을 중얼중얼 외우는 버릇입니다. 물론 헬라어로도 외웁니다. 이 시집에 비 시가 많은데 비가 하늘에서 내리는 비는 계심이라 발음되어서입니다. 하나님이 계심!

이번시조시집은 시조운율에 맞춘 이론이 실행되는 시조입니다. 한국의 보물 한국문학시조작품의 운율이 있습니다. 정형 율입니다. 초장 3 · 4 · 3 · 4의 14자와 중장 3 · 4 · 3 · 4의 14자와 종장 장 3 · 5 · 4 · 3의 15자 리듬을 가집니다. 총 43자 이론에 따른 시조시

집입니다. 시조 한편은 43수를 가집니다. 이 전통 율은 사람의 오묘한 숨쉬기 움직임 리듬을 가집니다. 시조작품은 3 · 4로 시작하여 4 · 3으로 끝납니다. 사람이 살아 있는 동안 리듬입니다. 이 3의 의미는 아름다운 마음을 가지는 의미로 나의 생애도 아름다운 3으로 시작하여 아름답게 끝나는 리듬 3입니다. 3으로 시작 3 · 4 · 3 · 4 · 3 · 4 · 3 · 4 · 3 · 5 · 4 · 3의 순서입니다. 이 리듬은 우연히 생긴 리듬이 아닙니다. 하나님이 이 세상을 아름답게 시작하여 아름답게 인간 생애도 끝나게 하는 조건 이엉리듬입니다. 인생 살기리듬입니다. 시조작품 한편이 지닌 아름다움입니다. 한 생애는 사랑하여 생긴 사람 몸체 한 생애 리듬입니다. 저의 작품 이론 시조한편이 지닌 리듬입니다. 시조한편 43자 학설입니다. 시조작품 진가는 한 사람의 생애 리듬 시작도 아름답게 끝남도 아름답게라는 인생리듬입니다. 인생의 아름다움을 몸으로 설명하는 하나님의 오묘한 마방진 리듬입니다. 저의 시조 작품 속에 넣을 수 있다는 감사로 아름답게 태어나서 행복하게 열심히 살다가 아름답게 끝나는 저의 생애의 시조시인 시조이론 철학입니다.

혼자서는 더듬이 인생이기에 신앙의 감사함 하나님 일 사역 합니다. 얼마나 사랑의미를 잘 전하나입니다. 그대로 전해지려 노력하는 은유시학 행복입니다.

2023년 7월　이 영 지

그냥 좋아!
이영지 시조집

| 차 례 |

제1부 / 그냥 좋아!

제 2부 / 꽃이 맘껏 앉더라

제 3부 / 계심이유

제 4부 / 푸른 낮 나그네

제 1부 그냥 좋아!

연분홍 사과

연분홍 사과에요 두 손을 함께 모아 젤 먼저 흰 색 종이 우선은 걷어내고
보름을 보라색 종이 베껴내면 연분홍

연분홍 처녀 얼굴 나오는 수줍음의 빨게 진 볼 얼굴을 두 손의 조심으로
싸 담아 하 이뻐이뻐 쓰다듬어 연분홍

햇빛을 흠씬흠씬 받으며 더 짙어진 연분홍 얼굴들이 나란히 늘어지게
놓여준 분홍얼굴이 조금은 더 연분홍

구슬햇살

햇살이 내게 와요
햇살의 옷을 입어
햇살이 되어가요
해의 힘 먹어가며
난 지금 콩콩 뛰면서 행복 몸이 콩콩콩

해살이 돋아 와요
아아주 쬐끔쬐끔 햇살이 늘어나요
햇살의 앵두에요
앵두의 옹알옹아리 행복 몸이 팡팡팡

햇살만 먹고지고
날마다 먹고지고
햇살의 덩어리로
해 사러 오신 분께
햇살을 한웅큼씩만 나눠드리 려 어어

바리바리 비

단비를 좋아하는 바람이 나를 보려

후두둑
마음 창을 비단 비 비비대면
부비어
한 아름으로 촉촉하게 젖어라

물방울 바리바리 싣고서 나를 보려
가뭄의 눈물 비에 비 날개 달아 주며
초록 비
바리바리 비 타는 들판 젖어라

후두둑 마음 창을
비단 비 비비대며
비알들 물알 되어
부비며 비 오신다
머릿결 촉촉이 적셔 초롱초롱해져라

비 열매

비 온다
비 열린다
입술이 귀에 걸린
머리로 들어오는 심장을 열어 두면
슬픔도 열매로 익어 주렁주렁 비빔 비

등 어리 뱃가죽이 몸에 착 달라붙어
심장에 들기 전에 젖꼭지 끝을 지나
영혼이 흔들릴 요람 바다 열린 비빔 비

햇빛 그
주님만이
담긴 그
밤을 지나
꽃잎의 꽃순이로
늘 만난 십자가의
무늬에 등 닿는 찰나
비 익으며 그림 비

사랑 비

하늘이 나에게로 긴 줄을 내리는 날
긴 줄을 잡느라고 종일을 비에 젖어
담는다
가느다란 비
한 줌안에
사랑 비

두 손을 모아들고 두 손을 모아 펴며
토다닥
모이느라 이렇게 오른 나날
하늘을 받아 내리는 내 손 안에
사랑 비

빗소리 소곤소곤
그런 날 말아들면
이토록 솟아나며
금자탑 보봉 솟아
두 손을 받들게 하는 종소리다 사랑 비

겨울에게 주는 편지

한지로 바를 문을 떼어서 입에 물을
가득히 푸우푸우 깨끗이 떼어 내고
국화잎 국화 꽃잎을 넣어 문을 바른다

가마솥 동지팥죽 펴얼펄 보폼보폼
양푼에 팥죽 담아 장독에 올려놓고
떠먹는 동지팥죽이 밤낮길이 바꾼다

방안을 장작개비 군불로 화왈화알
윗목의 이불 한 채 가득히 내려놓고
형제들 이불 하나로 디굴데굴 알밤이

얼음이 꽁꽁 얼면 썰매를 타는 겨울
벼이삭 잔 매듭이 더러는 돋아나도
아유우 하얀 겨울이 정말 정말 아유우

흰 눈이 소복소복 쌓이는 하얀 들판
눈 위의 발자국에 우리는 손을 잡아
한겨울 봄을 만나는 맨얼굴의 기다림

겨울나무

울 나무 일어나라 11
일어나!
빨강 노란 낙엽들 데리고도
봄눈을 싹 틔워라
땅 위에
나무 111
일어나라!
일어나
일내
라

봄이 오는 소리

사랑의 멜로디가 들려요 토다아악
단모음 동그라미 또그루 또그루르
새싹이 달콤콤 봄밤 봄 알리는 봄비야

아유우 흐음흐음 그렇다 난 봄 사내
어깨를 들썩이다 제체기 에취에취
봄 손을 번쩍 들어서 이리오라 신부야

맨발에 봄을 신고 꽃망울 가슴으로
살며시 다가오며 봄비로 들이밀며
봄 밤 내 시를 쓰게한 나의 사랑 신부야

사랑이 덩굴덩굴 디덩굴 어쩌어엄
이리로 올라오라 날 위해 봄을 주라
이리로 오 아지랑이 아름아름 신부야

맨발로 걷게 하는 봄 등불 좋아 좋아
발바닥 간지르자 까르르 가르르르
웃음보 펼쳐놓느라 풋풋해라 오오 오

파란 잎 들썩들썩 웃음보 방긋방긋
도톰히 달아들고 바람의 디딤돌로
달디 단 웃음보따리 볼로로옥 신부야

보보봄 깃을 세운 샛노란 깃을 세운
두께가 늘어나자 저 푸른 하늘향해
부풀게 깃을 세우는 난 봄이야 봄 사내

팡파레 파앙파앙 버꾸욱 표롱표롱
사르르 눈 감긴다 네 내음 달려오는
나에게 봄이 오느라 난 정말 봄 봄 사내

춘향 봄

춘향이 그네에게 철쭉꽃 들고 오는
이 도령 봄 향기로 오네요 남자답게
춘향아 안 보이냐며 봄 한나절 웃네요
춘향아
봄이 좋나
사랑이
진달래라
그냐앙 좋아좋아
나도오 좋아좋아
춘향아
봄 치마 자락
팔랑팔랑 웃네요
춘향아 우리 웃자
봄에는 너도 웃고
둘이가 웃어 들어
사랑아 들어오라
춘향아
하늘 푸르름 어화 좋아
좋네요

봄 가슴 찰랑찰랑

훗훗한 봄바람을 비비며 울렁울렁
정말로 꽃이 되는 봄 가슴 찰랑찰랑
꽃비가 꽃바람으로 가는 길에 봄 가슴

꽃물 말아 올린

꽃물을 말아 올린 꽃비비 꽃바람을 물고는 두루비벼
사알살 돌리다가
오는 이
반가운 비에
비비느라
꽃 사람

우산 비

봄비는 우산 비다
사랑을 맞으려고 우산 쓴 사랑 비다
날개 단 우산 비다
입술에 빗방울 콕콕 사랑방울 콕콕콕

야 와

여름비 호수 안에 단 꿈을 푸느라며
물 닭이 호수 안을
들여다보느라 콕
호수 안
한복판에서 푸득푸득 내리 잉

어리는
물의 꿈을 듬뿍 뿍 먹어놓고
달아난 물고기를
그냐앙 바라보며
호수가 한 바퀴 돌고 푸른 비를 내리 잉

호수에 들어있는 빗방울
여름 창창 달아서
먹이느라 바람쯤 단꿈이고
느긋이 여름 익으라 비잉 돌아 내리 잉

그래요

그래요 알려주신 그대로 초록물결 사랑을 할 만 하냐 날 사랑 할 만 하냐 네가 날 사랑하느냐

사랑하냐

사라앙

꽃눈이

꽃나무에 햇살이 담뿍담뿍 네가 날 사랑 하냐 꽃 향이 정말이니 네가 날 사랑하느냐 사라아앙 하냐아

네가 날

사랑하냐 꽃불로 화안하게 꽃불을 들이대고 꽃 입술들이 대고 네가 날 사랑하느냐 눈 감기는 사랑 아

마음이 하 아파아 아파아 오느냐아 네에가 사랑하냐 정 나를 사랑하냐 사랑을 하 하느라고 네 마음이 하 아파[1]

---

1) הָאַהֲבָה(하아하바·사랑하는 자가, 아 3:5).

슬퍼마

사랑아 내 사랑아 고민을 말아주오
남편인 내가내가 열 아들 그 보다도
좋으이 열 아들 보다 그 보다 더 좋으이

– 성경 한나 이야기

꿈 익 녀

일어나 위로의 말 한마디 그 하나인
남편의 말을 믿어 꿈으로 익는 여인
꿈 익 녀 꿈으로 사는 힘이 나며 일어나

가을 어쩜

내 마음 그대에게 알리는 날이에요 주루룩 그리움을 마른 잎 그 위에로 포근히 내려주느라 한 밤 내내 뿌려요

은행잎 하나둘씩 땅위로 노오랄 째 날 떠날 그대들의 바다가 이런 거라 노오란 슬픔 까지를 미리 알려 내려요

바람에 휘휘 날일 바람의 사람들이 서뿔리 허둥대다 날리고 부서짐에 내 가슴 빠알간 사랑 이 흐름을 내려요

꽃비랑

꽃비랑 비가 세 번 왔다가 햇빛 난다
해 빛이 비치는데도 가는 비 내리는 거
햇살이 활짝 피는데 사알사알 꽃비랑

꽃비랑 꽃이 아냐 내리는 꽃모양비
햇빛이 숨 셔 가게 사알살 꽃모양비
햇빛에 비가 꽃이 되 비비느라 꽃비랑

비 구슬

구슬이 굴러간다
구르는 구슬 속에
어머니 그리움이
퐁퐁퐁 물이랑에
또르르 피마자 잎에 또르또르 또르르

제 2부 꽃이 맘껏 앉더라

꽃이 맘껏 앉더라

묵직한 앉음으로만 기다린 나날에는
기어이 너를 갖는 물 사랑 떠있더라
가다가 도로앉아서 네 꽃핌이 보고파

가슴이
보이는 날에
꽃이 맘껏
앉더라

입으로라 머리로라

눈으로 네가 보인 날에는 어찌한 줄 알았니 입으로도 머리로 네 안으로

너로 해

두[하나님 예수님] 번 숨 쉬며

사랑 줄을

잡았지

하하 좋아라!

좋아라 하 좋아라 싸비비 싸비비며
모이고 모이는 날 둘이서 셋이서
좋아라
하 좋아라 하
싸 비비며
안느라

싸안고
날이 날마다
물을 들어
이느라

하 하

하 하 הָ הַ하 하좋아라 싸비비며 돌아들고 돌고 금보다
좋아라 당신 입에서 나오는 말씀이 좋아라 내가 입으로
머리로 가슴으로 두 번이나 숨을 쉬며
받아라
그리움 끊어질듯
그래도 이어지는
꽃송이

하늘의 파란빛이 되느라 포근하다
이 물과 흙으로만 버물어 꿈을 넣고
우리의
감청하늘이
꽃이 되어
우리의

샬샬짝짝 비짝

햇샬짝 샬짝샬짝

하얀색

초록 잎에
하얀색 샬짝샬짝
새하얀
냉이꽃에 노랑색 샬짝샬짝
토끼풀 샬짝샬짝비
샬짝샬짝 샬짝비

돋아난
잎사귀에 하얀색 샬짝샬짝
개망초 둘러리서
풀잎을 물때마다
풀색이 샬짝샬짝비
샬짝샬짝
샬짝비

표롱표롱

후두둑

표롱표롱 화들짝 표롱표롱

후루룩 후루후루 다르륵 다다르륵

마음이 내려앉으면 소리하나 표르륵

뚝뚝뚝 또오오옥 딱딱딱 따아아악

쏴쏴쏴 쏴아아아 하늘이 무너지나

어느새 뚜우욱 뚝뚝 하나두울 가늘게

사·랑·방·울 콕콕콕

봄비는 사랑 콕콕
맞으려 우산 안 쓴
사랑 쓴 우산 비다
입술에 빗방울 콕콕 사랑방울 콕콕콕

비가 파랗게 심어진

무논에 노랗고도 새파란 모심기 그림이다
줄 맞춰 늘어서서
벼이삭
총총걸음이
익고 있다
파랗게

이슬

꽃잎과 꽃잎이슬
어깨를 살짝 대어
소곤소곤 웃어대면
그 사이 이끼낀 거
또르르 또르또르르
포옹다 앙

떨어져

보채

사랑이 울고 있다 네게로 들어오려
문 열어 달라고만 보채고 또 보챈다
잠자리 들려하는데 문 열어만 달란다

문 열어 주잖아도 사랑이 들리는데
목소리 그 하나로 알아서 느끼는데
자꾸만 문 열어 달라 보채고 또 보챈다

라일락

라일락 대문에는
하얗고
또 보라색
향기의 정향丁香나무
흐르는 봄비나무
라일락 수수 꽃다리 향기비가
내린다

하아얀 라일락이
보라의 라일락이 대문을 활짝열자 보일락 말락하던
머언 데 산이 코를
들이대 향기 담느라 향기비가
내린다

한국을 못 잊느라 키가 큰 미국 아재
미쓰 킴 라일락을 보내자 라일락이
들이대 향기 내뿜어 향기비가
내린다

*라일락 본명: 수수꽃다리, 한자로는 정향(丁香)나무

칠월칠석

울 엄마
칠월칠석 하얗게 건너오며
별과별 은하에서 별에 별
이으느라
하야안
목덜미 기인 골목길에
비비비
비비비
칠월칠석 서로들 건너오며
달과 별 은하다리 비로 된
눈물 강에
길고긴 하얀 강이라 울 엄마가
비비비
비비비
칠월칠석 하늘이 땅이 되려
땅에서 못 다 이룬 별에 별
이으느라
되짚어 하늘 올라가 은하 강 강
비비비

는개

이슬이 아니란다
는개는 이슬보다 적단다 는개말야
는개는 안개보다는 큰 부피가 된단다

물배를 타야하는 은방울 은점이다
물방울 아주 작은 마음을 얹어서다
는개는 초록행복에 얹혀 지는 무게다

꽃 사과

꽃 사과
아주 짝은 꽃 사과
사과사과
느으을 사과나무 곁에서 사과사과
온 날을 사과입니다 사과나무 꽃 사과

능금

능금의 사과나무 시작을 알려주는 처음을 빵빠레로 알리는 능금능금

능금을 사과밭으로 가게하기 능 금 금

풀 향 냄

잘리는 풀의 들이 풀 향 비 남겨두고 바닥에 누운 날은 살아서 남은 풀이 풀 향 비 온 들판에다 고루고루 풀 향 냄

풀들은 잘려지며 살았던 그 의미를 향기로 남겨두라 가만히 속삭이며 풀 향 비 마음속으로 들어오는 풀 향 냄

동네

분홍빛 분 냄새가 포올 폴 나는 길에
겨울과 여름 사이 그 사이 사는 날에
졸졸졸 흐르는 동넨 내가 사는 동네 비

산 벚 꽃 버드나무 몰려든 골짜기에
봄은 또 연못하나 만들고 사는 날에
포르르 골짜기마다 내가 웃는 동네 비

봄맞이 따라가면 갈수록 여름으로
도망칠 봄이기에 뒤돌아 나오면서
봄의 등 산허리 끼는 내가 있는 동네 비

바람이 달디달게 달리며 그를 열면
한 그루 나무로 서 휘도는 네 바람에
물오른 그일 잃을까 내가 떠는 동네 비

그댄 늘 알롱달롱 알로록 볼록달록.
암호를 맞추느라 손으로 토독토옥
물오른 글 잃을 까 봐 되돌아 선 동네 비

꽃바람

훗훗한 봄바람을 비비며 울렁울렁
정말로 꽃이 되는 봄 가슴 찰랑찰랑
꽃비가 꽃바람으로 가는 길에 봄 가슴

약수

물 위로 걷는 이의 물을 떠 마신 후에
눈꽃이 해살해살 웃는 게 아! 아마도
물 위를 걸으라 란 말을 들은 모양 그기다

햇살로 웃는 거는 물 위로 걷는기라
이르매 해살해살 웃는 게 아! 아마도
새 싹이 돋으라는 명령 들은 모양 그기다

초록은행

해 젖어 떨어지는 파아란 은행 알이
나무를 내려 앉아 바닥을 파랗도록
칠하다 해가 솟아나 초록융단 알 비다

해 맞아 안겨오는 동그란 알맹이가
그림을 그린다며 바닥을 동그랗게
부으며 초록은행 알 키로 앉아 알 해다

제 3부 계심이유

계심이유

물들이 파아랗게 되는 건
그 때문야
꿈 들어 파아랗게 되는건
그 때문야
비로 해 내가 있는 거
살아 숨 쉴 나의 그

물들이 말가왛게 되는 건 그 때문야
하늘이 파아랗게 되는 건 그 때문야
하늘 물 내려오면서
초록물이 그이다

* 비는 히브리어로 '계심' 뜻이다.

첫눈

발자국 하늘에서 내리네 이 순결함
세상에 내리 너야
꼬오옥 보듬고픈
포근한 네모난 대지 세모 나는 나무에

둥글게 둥글게 너
꼬오옥 안아다오
마지막 앉은 나의 딱딱한 의자마저
흰 눈에
포근하게도 내 마음의 눈가에도 나의 너

따뜻해 따뜻해라
그이의 흰 눈이 너 나르네 나르 너에
사랑할 그리운 자리 눈가에도 나의 너

깨끔

깨끔을 한 알 씹어 사르르 녹아드는
달콤함 넘기는데 향 맛이 쬐끔 남아
사르르 넘기느라고 깨끔 깨금 쬐깨끔

눈물도 빛나면 반짝반짝

0시에 깨어나서
기도한 눈물에는 물바다 반짝반짝 섬들이 깃을 털고
섬 같은 푸른 바람이 하아야니 빛나면

편지함

불을 잘 붙이려면 편지함 라이터를
꺼내요 불 켜세요 아아주 쬐끄만한
라이터 불을 켜세요 불이 붙는 동안에

아아주 천천히만 걸어가 마당복판
찌꺼기 태우세요
눅눅히 젖어 있는
뒤뜰을 돌아 나와서 햇빛 보게 불붙임

그리움 덩 덩덩

은행의 그리움덩이 그것은 은행잎 때문일 거에요 온행 저축 온 하늘에 온 날의 날갯짓을 입어 노오라안 하늘에

그러기 노오란 부황난 그리움을 파르르 파르르으 떨다 못해 하늘을 노랗게 물들라 노랗게 명령하고 하늘에

은행은 구름을 은행이라 그것은 은행허리 옴팍옴팍 싸안고 그렇게 불렀기 때문일 거에요 쏴르르으 하늘에

쏴르르 쏟아지는 그리움 더엉덩덩 그러기 노오란 부황난 그리움을 쏴르르 쏴르르 떨다 노오랗게 땅에다

나아가라

지구의
반 바퀴를
돌아온 소식이다
그리움 하나하나 적고도 꼭꼭 접어 봉투에 나이아가라 탁 튕기며 올릴까

지구의
반 바퀴를
돌아온 울림이다
물들이 물을 떠나 흰 포말 하늘에다 올리며 그리움 하나 붙잡고서 내려오며 울릴까

얼마나 그리웠음 흰 포말 가득가득 담고서 춤추면서 재빨리 내리내리
자아알 계셨습니까
안부부터
띄울까

앵두비비

온 산이 붉은 이 봄
뒤뜰에
나뭇가지 이파리 새파랗게 달면서 거기에다 앵두 볼 수줍게 빨간 뒤뜰 온통 앵두 볼

가득히 늘어서자 아가씨 뒤뜰로 와 앵두 볼 물 오르는 앵두 볼 처녀 깃에 처녀는 가슴에 손을 가만히도 앵두 볼

앵두가 아장아장 걷는다 아장아장 거닐다 앵두 하나 콩 따서 입에 물자 앵두가 조금조금 씩 키 재기로 앵두 볼

처녀는 앵두나무 밑으로 들어가서 고웁게 인사하고 쬐금만 먹자 하자 새까만 앵두나무가 덩달아서 앵두 볼

지금 사 앵두나무 빠알간 알을 낳기 시작한 나무아래 깃들인 앵두 볼이
한 웅큼 앵두 알로도 꿈을 꾸는 앵두 볼

가을옷깃

으스스 찬바람이 옷깃을 스미는데
내리는 비 소리가 조금만 쓸쓸하다
기다림 아니하는데 다가오며 두드린

두툼한 책갈피가 한두께 젖어들고
서뿔리 꺼내 입는 겨울도 스산하다
기다림 아니하는데 주근주근 두드린

\- 1976. 10.29

태풍

무너진 묘 자리에 25평 50만원 빌려서 집 짓느라
솜으로 한 뭉텡이로 메워가며 비를 막은 교회당

71년 3월 2일 서대문 집 3채가 무너진 그날에는 교회당 무너진 날
붕 떠서 20m 거리 폭파 맞은 교회당
그래도 지금은 바로 태풍처럼 일어나

-김윤배 목사 이야기

백일 홍 홍

백일홍
백일해로 파란 잎 보슬비를
맞느라 보슬보슬
뒤로는 그림 같은
앞으론 이 집 들어선 이에게만 인사할

들어설 이에게만 얼굴에 둥근 웃음
우아히 들고 서서 고향은 사람들이
드물어 제가 한다며 보슬보슬 인사할

그리움 어린

아아주 어어릴 때 그때에 어린이는
그 때에 처음으로 그리움 그리움을
엄마와 떨어져야 할 나날들을 배운다

배우는 그리움은 날마다 커지면서
산은 늘 혼자이고 강은 늘 흘러가며
그리움 여기가 아닌 거기라고 배운다

할머니 외할머니 집에서 나날마다
진달래 뒤집기를 배우고 나날마다
어릴 때 엄마 떨어진 아이 되는 그리움

봄 춤

눈빛이 하얀 목련 하아얀 봄 춤이랑
아 아예 하얀 목련 그러면 안될까요.
목덜미 하얀 그늘에 키스하고 싶어요

배꽃의 서리서리 눈빛을 달아놓은
아 아예 하얀 웃음 그러면 안될까요
목덜미 하얀 귀에 키스하고 싶어요

눈과 눈

눈과 눈 마주하면 그 안에 샘이 있어
맑은 물 흐르듯이 마음이 흐르면서
하늘을 날아오르는 말하기가 보인다

돌아 돌아

골목을 돌아 돌아 집으로 들어가서 쉬면서 부엌에서 불 지펴 불 오르면 하 맑은 향기로움이 하랑하랑 놓인다

빌딩

서울의 빌딩마다 살고픈 소리 나는 가슴이 하루 종일 종치는 소리 나는 새하얀 꿈들이 올라 드 높이로 오른다

물든 든

풀 푸른 물이 들게 서울에 나무심어 공원을 드나드는 발걸음 물방울에 내 인생 한 자락 끝이 물이 들어 파랗다

제 4부 푸른 낮 나그네

푸른 낮 나그네

푸른 낮 나그네로 요 나의 꿈을 들고 서로들 의지하며 꽃잎의 붉음으로 꿈 덩굴 계산하여서 꽃피도록 주오오

봄에의 기다림의 지붕이 하 맑은 날 꽃 덤불 지붕위에 오오오 어서 와요 하늘이 아름꽃다발 더 없어서 주오 오

꽃바구니

빨강파랑노랑초록파랑보리남 꽃바구니 빨간 꽃 하나 던져 지더니 하나 빨주노초파남보

초록 손

당더니만 꽃나비 가족 되어 훌훌훌 어려움을 폴폴폴 날리면서 우리는 꽃바구니로 한 맘 가득 담아서

첫날

입술에 빨강노랑 다홍의 목소리가 빨노파 랑다홍의 리듬이 흘러나와
빨강파랑노랑다홍의 천사마저 흠모하는 빨강다홍의 목소리를 가진
첫날 비 내려오느라 새하야니 첫날 음

수세미

하늘이 높은 만큼 우리도 푸른 꿈에 오르며 여름을 익혀두고 늘어진 가을 길을 열매로 불러대느라 주렁주렁 걷는 날

두루마리

굽 굽이 두루마리 오늘은 내 마음만 당신이 보이시고 「디딜땅 밟아보라」 마음의 두루마리 비 구슬로서 지내라

굽구비
두루마리
내일은
이제만큼
「내 모습
닮아보라」
올리셔
구름위의

스므곱
두루마리비
내 얼굴을
보아라

집으로 가는

그 어느 매듭에도
멈추잖는 저녁이면
땅 위에 별 달리고
지붕에 달이 앉는

삶 예기 실어 나르는
실바람을 안는다

청 노루 꿈에 젖어
옹달샘 찾아들어
고달픔 씻어 내릴
물 한 박 떠올리면

한 누리 누벼 내리는
달그림자 안는다

낯 모를 이웃 네가
수런수런 둘러리 서면
눈가에 너그러움이

물결로 일렁이고
유유히 모롱이 돌며 그리움이 쌓인다

편지

웃옷을 입음같이 빛으로 갈아입고
하늘을 휘장같이 치시는 그 안에서
물 누각 들보를 얹어
구름으로 수레다

수레에
바람 날개 달아서
바람으로 자기의 사자삼아
샘으로
골짜기에
솟아나
산 사이에서
흐르메

짐승에
마시우게 하시고
들 나귀로
공중의 새들까지 그 가에 깃들이며
바람이 나뭇가지의 사이에서 흐르메-벧전 2/롬 11:36

보비

눈 뜨면 제일 먼저 눈앞에 아른아른
눈 감아 먼저 제일 눈 뒤에 떠오르는
하늘가 그쯤에서야 나른나른 내리는
떠 오른 해 덩어리 봄꽃을 입에 물고
봄이 뜨면 먼저 피고 안 봐도 떠오르는
그쯤에 아장아장장 걸어가는 삼삼히
떠 오는 햇살보쌈 봄 잎을 입에 물고
눈 뜨면 아른아른 감으면 떠오르는
하늘가 그쯤에서 떠 오른 해 덩어리
봄꽃을 입에다 물고 봄이 뜨면 먼저 핀
안 봐도 떠오르는 그쯤에 종종걸음
앞으로 아장아장 삼삼히 걸어가서
떠 오는 입에 무는 봄 잎 아장아장 아장장

신비

꿈꾸듯
　　옥고무신 신고 온 그녀에게
꿈꾸듯
　　옥대님을 풀어도 될 날이다
꿈꾸듯
　　옥색넥타이 메어도 될 날이다

깨소금

젤
작은 절구로도 콩콩콩 볶은 깨가 빻인다
고향 음이 들린다
바람음표
넉넉한 밑바닥에서
사랑음표 들린다
뻐어꾹
먼 산의 뻐꾸기다
들릴 듯 말듯말듯 산소리 뻐어꾸욱 뻑뻑꾹 뻐꾸우으
손바닥 산울림으로 고향음이 들린다

내산을 안으라고 한 바퀴 돌아들며 들릴듯 말듯말듯
'우으으' 소리 끝을
올리는
끝말이 높은 음자리다
사이 새
사이 새
이름 모를 새 웃음

우으우으 우으으 우으우으
뻐어꾹 뻐어우으
깨소금 사랑바다에 고향 음이 들린다

이랑

고랑에
가득가득
꿈이랑 봄 순이랑
꿈이랑 고랑이랑
꿈이랑 물이랑이
논에도
꿈이랑 이랑
그대이랑 꿈이랑

꿈이랑 풀잎이랑 순이랑 당신이랑
나날이 그림이랑 자라는
논둑이랑
밭이랑 파아란 이랑
당신이랑
꿈이랑

눈

눈과 눈 마주하면 그 안에 샘이 있어
맑은 물 흐르듯이 마음이 흐르면서
하늘을 날아오르는 말하기가 보인다

달 비 알 비

달 비가 달 비 알 비 다알 비 내리느라
별은 늘 홀로홀로 빛나려 하다가도
별 달 비 만나면서는 달 비 알 비 별 달 비

밤마다 꿈을 꾸라 단잠을 풀어준 뒤
별 달 비 내리는 날 별 달아 빛나면서
차곡히 별을 단 가슴 달 비 알 비 별 달 비

찻기 기

주소를 물었지요
이제 곧 나를 들고
주소를 물어물어
찾아가 보려하여
기다림 벗어놓고서 꽃신 신어 꽃 가슴

꽃 바다 꽃신바다 드림의 나를 들고
꽃이랑 바람이랑 두둥실 타고 가며
온종일 달리기만한 꽃 달 타는
꽃 가슴

꽃피는 비 사이로 비 가듯 달려가며
꽃 가슴 한창 열게 달리는 바람 얹어
한 아름 바람덩이로 꽃 둥우리
꽃 가슴

웃음기

웃음이 도톨도톨 돋아난 돌담길을
돌다가 돌아들다 순이와 딱 마주친

달이 된 웃음눈짓에
집에 와서
그제사

웃음이 도톨도톨 돋아난 함빡 웃음
웃다가 시실시실 웃다가 아주
돌이
달이 된 웃음디딤돌
껑충껑충
그제사

순이 땅

웃음이 도톨도톨 돋아난 돌담길을
돌다가
돌아들다
순이와 딱 마주친
돌이는
순이 웃음에
집에 와서
그제 사

웃음이
도톨도톨 돋아난 함빡 웃음
웃다가
시실시실 웃다가
너무 좋아 달이 된 웃음디딤돌
껑충껑충
그제 사

그제 사
순이에게 내 웃음 보라하고

말하고 싶어져서 돌담길 도톨도톨
돌다가
사랑의 순이
마주치자
그제사

돌이는
펄쩍펄쩍 순이는 팔딱팔딱
달덩이 웃음둘이 해 닮아 퍼지느라
하늘이 웃음덩어리
두두둥둥
그제사

옥색나비

옥색의 고무신이
 사알짝 들어났다
    숨었다 하는 동안
      옥색의 젖가슴이
옥색의 치맛바람을 나풀나풀 날린다

등

목련이 봄의 등에 업혀서 흰 수레다
단 꿈을 꾸느라고 꽃가루 은가루로
키타에 꽃수레 얹려 하얀 꿈을 줍는다

목련

목련이 봄을 안고 사랑을 들고 있다 봄꽃을 사 주세요 꽃잎이 떨어져요 하얗고 가슴 떨리는 간지러운 순결의

저기 저

풀잎도 봉오리도 들바람 만나더니 이제는 고개 숙여 기대는 비바람 막아서서는 구름 들고 저기 비

목덜미가 예쁜 기다림

운동을 가르치는 선생님 목덜미가
유난히 아름답다 분명히 뒤 돌아서
얼굴을 마주하느라 그러러면 그립다

그리움 가르치는 선생님 목덜미가
유난히 아름답다 분명히 뒤 돌으셔
말씀을 마주하느라 그러러면 그립다

말씀이 씨가 되는 하나님 목덜미가
유난히 고마웁다 분명히 날 보시고
내 얼굴 마주하시는 하나님이 그립다

가을이 깊다

가을이 깊다
가을이 노오랗다 차가운 날씨에도
노오란 낙엽들이 노오란 옷을 입고
가을을 한 잎 물고서 나는 노란 기다림

그리움 입에 물고 가을 옷 수 만 명이 꿈꾸듯 한 목소리 낙엽의 함성마다
기도별 가을 복판에 반짝반짝 빛나나

별별별 모자 쓰고 우리가 짝 이루며
하늘의 별을 보내 잘 있나 보시느라
별들이 반짝반짝 커 온 하늘이 별덩이
복 줄까 말까 줄까 고민을 하는 중에
곧이어 큰 별 하나 뜬다고 연락 오는
기쁨이 흥얼흥어얼 노래 들려 올 거야

우리는 소곤소곤 별처럼 소곤소곤
가을 새 소곤소곤 낙엽이 소곤소곤
온 마당 가을이 깊다 쿵더덩쿵 들린다

그냥 좋아!

이영지 시집

2023년 8월 25일 인쇄
2023년 8월 30일 발행

지은이 이 영 지
펴낸이 신 용 호
펴낸곳 창조문학사

서울 서대문구 홍은동 397-26 동천아카데미 5층
등록번호 제1-263호
전화 374-9011, Fax 374-5217
공급처 한국출판협동조합 전화 716-5616~9

값 10,000원
ISBN 978-89-7734-803-5